AF369587

CATALOGUE

OBJETS D'ART ANCIENS

ET DE CURIOSITÉ

Étoffes, Chapes, Chasubles

TABLEAUX-DESSINS

Objets de la Chine, du Tonkin et de l'Annam

OBJETS DIVERS

DONT LA VENTE AURA LIEU

HOTEL DROUOT, SALLE N° 5

Le Vendredi 3 Décembre 1886

A UNE HEURE ET DEMIE PRÉCISES

(La Vacation étant très chargée)

Mᵉ JULES PLAÇAIS	M. E. GANDOUIN
COMMISʳᵉ-PRISEUR	EXPERT
rue Hippolyte-Lebas, 5	rue Le Peletier, 42

CHEZ LESQUELS SE DISTRIBUE LE CATALOGUE.

EXPOSITION PUBLIQUE

Le Jeudi 2 Décembre 1886, de 2 heures à 5 heures

PARIS — 1886

CONDITIONS DE LA VENTE

———

Elle sera faite au comptant.

Les Acquéreurs paieront, en sus des adjudica-
tions, CINQ CENTIMES PAR FRANC applicables aux frais.

DÉSIGNATION

1 — Grand Bureau à cylindre Louis XVI.

2 — Très beau Lit en bois de fer sculpté. Travail du Tonkin.

3 — Très belle Garniture de cheminée en bronze doré, de A. Carrier, composé de : une Pendule avec sujet (le Retour de la Moisson), et deux Candélabres supportés par des femmes.

4 — Grand Coffre en marqueterie de bois, fabrique de Savone, XVIe siècle.

5 — Splendide Nécessaire de toilette de dame, en ébène incrusté de nacre, au Tonkin, composé de vingt-huit pièces renfermées dans une gaîne dorée au petit fer.

6 — Tapisserie verdure et personnages.

7 — Secrétaire style Louis XVI.

8 — Autre Secrétaire, style Louis XV.

9 — Cadre en bois sculpté.

10 — Deux Vases en porcelaine de l'Inde.

11 — Deux Cornets en faïence italienne.

12 — Paire de Vases en même faïence.

13 — Porte-Bouquet en faïence.

14 — Quatre Plats en faïence de Delft

15 — Pendule en bronze.

16 — Coupe arabesque.

17 — Cachet en bronze, poignée en porphyre.

18 — Petit Cachet en argent, incrusté de pierre-
ries.

19 — Vitrine style Louis XVI, garnie de filets
de cuivre.

20 — Deux Tableaux, par de Grailly.

21 — Commode ancienne.

22 — Pendule en porcelaine de Saxe.

23 — Bureau à cylindre, style Louis XVI.

24 — Table formant bureau, même style.

25 — Deux Tables à dessus de marbre, style
Louis XVI.

26 — Table rognon, même style.

27 — Chiffonnier, même style.

28 — Petite Vitrine, même style.

29 — Douze Assiettes, bordure dent de loup,
Sèvres roulé.

30 — Huit Raviers, même genre, Sèvres roulé.

31 — Deux Saucières, même genre, Sèvres roulé.

32 — Douze Assiettes décorées de bouquets de fleurs, Sèvres roulé.

33 — Théière décorée de fleurs, Sèvres Louis-Philippe.

34 — Deux Carafes, ancien verre taillé.

35 — Deux Vases à couvercles, ancien verre taillé.

36 — Pendule de style oriental en bronze poli.

37 — Deux Psychés en bronze poli.

38 — Coffret en bronze poli.

39 — Trois Buvards couverts de motifs en bronze, styles Louis XV et Louis XVI.

40 — Deux Poignards.

41 — Paire de Porte-Montre.

42 — Triptyque en émail.

43 — Petite Lanterne en cuivre.

44 — Reliquaire en bronze émaillé.

45 — Socle en marbre noir et bronze.

46 — Pendule en bronze doré et porcelaine.

47 — Grand Baromètre-Thermomètre formant pendule, en bronze doré, sur fond vernis Martin.

48 — Petit Lustre style Renaissance, à huit lumières.

49 — Deux Presse-Papiers en bronze et marbre.

50   Paire d'Appliques en bronze argenté.

51 — Paire de Bras, à trois lumières, en bronze poli.

52 — Paire de Flambeaux Louis XV en bronze doré.

53 — Deux paires de Flambeaux en bronze poli.

54 — Paire de Bouts-de-Table à trois lumières.

55 — Paire de Bouts-de-Table à deux lumières, bronzés et dorés.

56 — Paire de Flambeaux, style Renaissance.

57 — Paire de Flambeaux, style grec.

58 — Paire de Flambeaux, style chinois.

59 — Bougeoir en bronze poli.

60 — Coupe émaillée, style byzantin.

61 — Coupe bronzée.

62 — Deux grands Plats en cuivre poli.

63 — Deux Presse-Papiers en bronze.

64 — L'Ange Gardien, sujet en bronze.

65 — Mortier en bronze.

66 — Petit Vase grec argenté et doré.

67 — Petit Vase Renaissance, pied en marbre.

68 — Pendule en marbre blanc.

69 — Groupe d'Enfants en bronze, style Louis XV.

70 — Petit modèle de Commode, formant coffret à bijoux, style Louis XIII.

71 — Deux grandes Coupes en porcelaine de Saxe.

72 — Enfants endormis dans un fauteuil. Groupe en biscuit.

73 — Tonnelet en porcelaine de Saxe.

74 — Deux Statuettes en biscuit de Tournay.

75 — Quatre Statuettes en porcelaine de Saxe.

76 — Cheval de Marly en bronze.

77 — Coupe montée en bronze.

78 — Encrier en faïence de Delft.

79 — Gargoulette en faïence de Delft.

80 — Deux Potiches en Delft, décor bleu.

81 — Petit Cartel en bronze.

82 — Pot à lait en porcelaine de Saxe.

83 — Panneau en bois sculpté.

84 — Deux Vases en Japon.

85 — Deux grandes Plaques en faïence décorée.

86 — Autre Plaque au grand feu, par **Dominique**.

87 — Paire de Pelle et Pincettes en fer forgé.

88 — Mandoline.

89 — Violon.

90 — Benjose.

91 — Mandoline mécanique.

92 — Deux Fauteuils Louis XV.

93 — Fauteuil Louis XIII.

94 — Étagère en bois sculpté, Louis XVI.

95 — Lustre en fer forgé.

96 — Paire de Gaînes en marbre bleu fleuri, garnies de bronzes.

97 — Deux Plats en faïence, encadrés.

98 — Deux Vases en émail cloisonné.

99 — Deux Vases en bronze du Japon.

100 — Deux Jardinières cloisonnées de la Chine.

101 — Deux Bouteilles en porcelaine.

102 — Deux Cache-Pot en porcelaine de Saxe.

103 — Deux Flambeaux en bronze du Japon.

104 — Deux Jardinières en bronze.

105 — Gilet Louis XV en soie brodée.

106 — Petit Violon en argent.

107 — Deux Plats en faïence décorée (Portraits de Rembrandt et de Van Dyck). 50 cent. de diamètre.

108 — Deux autres Plats en faïence, décorés de sujets d'après **Téniers**.

109 — Deux Plats en faïence, décorés de têtes de fantaisie, d'après **Greuze**.

110 — Deux Assiettes en Sèvres, représentant des batailles historiques.

111 — Deux Assiettes, d'après **Watteau** et **Lancret**.

112 — Deux Assiettes : Portraits de Louis XVI et Marie-Antoinette.

113 — La Fuite en Égypte. Groupe en bois sculpté.

114 — La Vierge et l'Enfant, même travail.

115 — Deux Lampes juives en cuivre jaune.

116 — Deux Flambeaux en bronze Louis XV.

117 — Soupière hollandaise en cuivre jaune.

118 — Groupe en biscuit : les Trois Grâces.

119 — Groupe en biscuit : Femme sur un tigre.

120 — Deux Portraits. Bas-relief en cire.

121 — Grande Table en noyer à pieds tords, style Renaissance.

122 — Console en bois doré, style Renaissance.

123 — Commode marquetée de bois de couleur.

124 — Pendule religieuse en écaille.

125 — Grande Banquette, formant coffre, en bois sculpté, style Renaissance.

126 — Deux Colonnes en marbre serpentine.

127 — Buste en marbre de Carare, représentant Mme Récamier.

128 — Colonne en marble bleu turquin, supportant une vasque de même marbre.

129 — Coffre en bois sculpté, style Renaissance.

130 — Bahut en bois sculpté, même époque.

131 — Bénitier en argent, style Louis XIV, cadre en bois sculpté.

132 — Paire de Vases en faïence bleu turquoise.

133 — Deux Canards en faïence bleu turquoise.

134 — Deux Théières en faïence bleu turquoise.

135 — Dix petits Cadres en bois sculpté et doré.

136 — Canette en verre de Bohême décoré.

137 — Choppe en verre de Bohême gravé.

138 — Onze Verres gravés et deux taillés.

139 — Sept Coupes à Champagne, verre rose.

140 — Huit Verres de Venise.

141 — Suspension en verre taillé.

142 — Trente-six Assiettes en faïence.

143 — Neuf Plats en faïence de Moustiers.

144 — Huit Plats en faïence de Rouen.

145 — Douze Plats de Quimper et autres fabriques.

146 — Armoire normande.

147 — Chaises longues.

148 — Trois Chaises Henri II.

149 — Deux Plaques de cheminée.

150 — Deux Vases à pied, fond orange (Exposition 1855).

151 — Deux Cache-Pot décorés, fond chamois, en faïence de Limoges.

152 — Deux Urnes en biscuit de Chantilly.

153 — Deux Vases genre étrusque.

154 — Surtout Louis XVI avec glace.

155 — Six Assiettes en faïence, vieux Satzuma.

156 — Paire de Vases en porcelaine de Chine, avec couvercles.

157 — Paire de Vases en porcelaine de Pékin, fond jaune, avec relief.

158 — Boîte à toilette, vieux laque.

159 — Cinq Bols en faïence, vieux Satzuma.

160 — Paravent, vieille pierre de lard sculptée, pied en bois de fer.

161 — Plateau relief, vieux laque.

162 — Deux Compotiers en porcelaine de Shanghaï.

163 — Gargoulette en porcelaine, vernis rouge.

164 — Petite Jardinière en porcelaine, famille verte, montée.

165 — Garniture (trois pièces), pierre de lard verte.

166 — Deux petits Meubles japonais, appliques ivoire.

167 — Meuble sculpté en bois de fer.

168 — Sceptre de mandarin en cuivre.

169 — Sabre en sapèque, vieille monnaie.

170 — Neuf Assiettes en porcelaine craquelée.

171 — Deux Armoiries de pagodes, en bois doré.

172 — Couvert chinois.

173 — Trois Boîtes de jetons en ivoire.

174 — Médaillon en soie brodée, monture bois.

175 — Molaire d'éléphant en ivoire.

176 — Bâton d'encre de Chine.

177 — Petit Plateau incrusté (Tonkin).

178 — Chimère en bois sculpté.

179 — Boîte à opium en ivoire.

180 — Boîte à cosmétique en ivoire.

181 — Cinq petites Tasses en ivoire.

182 — Porte-Cigarette en dent d'éléphant.

183 — Statuette en ivoire.

184 — Quinze Bonshommes ou bibelots en ivoire.

185 — Meuble sculpté, avec chats, bois de fer.

186 — Deux Porte-Fleurs à trois becs, en porcelaine famille verte.

187 — Deux Porte-Cigarettes avec pied, pierre
de lard.

188 — Petit Vase, émail lisse jaune.

189 — Deux Porte-Cigarettes, pierre de lard
verte.

190 — Six Boîtes à gants ou à dessins, applique
en ivoire.

191 — Paravent en bois de fer sculpté.

192 — Paravent, incrustations de nacre et ivoire.

193 — Trois Dessus de portes en bois sculpté, vieil or.

194 — Petit Paravent émaillé.

195 — Cinq Médaillons en porcelaine, monture en bois.

196 — Bouddha en bois sculpté, vieil or.

197 — Briquet (Moïs).

198 — Bas-Relief sculpté relief, vieil or.

199 — Planche sculptée, dorée, avec bateaux.

200 — Petit Meuble, laque moderne.

201 — Petit Meuble en bois sculpté, à jour.

202 — Deux Bonbonnières en cuivre tressé.

203 — Petit Meuble en laque ancienne

204 — Guéridon en bois de fer sculpté, dessus vieux cloisonné.

205 — Meuble en bois de fer sculpté.

206 — Trois paires de Pantoufles indiennes, montées.

207 — Grand Panneau en bois, vieil or, sculpté à jour.

208 — Deux Boîtes en coco (vide-poches).

209 — Sablier en bois doré.

210 — Pot à tabac en fougère.

211 — Six Chimères en bois doré.

212 — Quatre Cannes en bambou.

213 — Cinq petits Panneaux sculptés.

214 — Meuble en bois noir sculpté, en relief.

215 — Tableau en bois doré, figure, cerfs.

216 — Deux grands Panneaux en bois de cam-
phrier, sculptés à jour, vieil or.

217 — Carquois Moïs, avec flèches et arcs.

218 — Trois petits Panneaux sculptés à jour, pour
meubles.

219 — Deux Dessus de pagode en relief, vieil or.

220 — Douze Encoignures en bois sculpté doré.

221 — Petit Paravent en porcelaine, avec pied en
bois.

222 — Pagode en bois de fer noir, sculptée.

223 — Grand Paravent en bois sculpté, vieil or,
représentant un théâtre.

224 — Grand Bol en porcelaine jaune.

225 — Compotier en porcelaine ancienne.

226 — Aigrettes en porcelaine blanche.

227 — Deux petits Vases bleus.

228 — Deux petits Vases bleus émaillés.

229 — Deux Beurriers en Satzuma moderne.

230 — Plaque en terre de Corée, relief.

231 — Deux Plats en terre de Corée, avec figures
en relief.

232 — Grande Coquille en Satzuma moderne.

233 — Deux Bols blancs, avec dragons.

234 — Huit Soucoupes en porcelaine.

235 — Deux petits Pots en Satzuma.

236 — Cendrier en cloisonné.

237 — Quatre Tasses en porcelaine.

238 — Deux petites Tasses en cuivre.

239 — Sept Porte-Allumettes en cuivre.

240 — Six Dessous de plat en bambou.

241 — Bol en bois de coco.

242 — Quatre Écrans.

243 — Deux Encoignures en bois sculpté doré.

244 — Deux petits Bas-Reliefs dorés, à jours.

245 — Deux Gargoulettes, vernis jaune.

246 — Œuf d'autruche.

247 — Vieille Théière avec couvercle (cassée).

248 — Vase ancien, vernis marron.

249 — Deux Théières en terre de Corée.

250 — Théière en vieille porcelaine (fendue).

251 — Grande Bonbonnière en cuivre émaillé
jaune.

252 — Grande Bonbonnière en cuivre émaillé rose.

253 — Deux grandes Pelotes en soie brodée.

254 — Pot à fleurs en porcelaine.

255 — Service à thé en porcelaine, neuf tasses.

256 — Deux petites Pelotes en soie brodée.

257 — Huit Jupes en soie brodée.

258 — Tapis en soie brodée.

259 — Six Chemises en soie brodée.

260 — Quatorze Morceaux de Soie, avec broderies.

261 — Deux Tapis de table en soie brodée.

262 — Cinq Cols chinois brodés en soie.

263 — Trois paires de Pantoufles en soie brodée, non montées.

264 — Vingt et un Morceaux de Soie brodée, pour dessous de lampes ou dessous de pots.

265 — Trente-cinq Bandes de Soie brodée.

266 — Deux Bourses annamites en soie brodée.

267 — Un paquet de Papier japonais.

268 — Un petit Costume chinois en soie brodée.

269 — Sept grands Carrés de Soie brodée, pour écrans ou coussins.

270 — Petit Paravent en pierre de lard.

271 — Sept petits Paravents en bois noir sculpté, avec pieds.

272 — Trois petits Paravents avec appliques en ivoire.

273 — Trois Oiseaux en bambou.

274 — Dix-neuf Médaillons en porcelaine, avec pieds de bois.

275 — Deux Miroirs en bronze, l'un avec pieds.

276 — Porte-Cigarette en racine de fougère.

277 — Trente et un Pieds de Bois sculptés.

278 — Trois Pipes à opium.

279 — Écarte-Gants en bois de santal.

280 — Deux Gratte-Dos en os.

281 — Petite Boîte à toilette en étain.

282 — Porte-Montre en cuivre.

283 — Deux Plaques en cuivre, à jours.

284 — Quatre Billes de billard en ivoire.

285 — Deux Boîtes en cuivre.

286 — Deux Pieds en bois de fer.

287 — Statue en bois rouge sculpté.

288 — Huit Parures, griffes de tigres, en filigrane
argent doré.

289 — Bracelet, griffes de tigres, en argent doré.

290 — Trois Parures, œils-de-chat, en argent doré.

291 — Trois Breloques, griffes de tigres, en argent
doré.

292 — Trois petits Médaillons en bronze doré.

293 — Deux Porte-Bouquets en filigrane d'argent.

294 — Broche, griffes de tigres, en argent doré.

295 — Parure en ivoire, non montée.

296 — Rond de serviette en ivoire sculpté.

297 — Boîte à bijoux en ivoire sculpté.

298 — Boîte ronde en ivoire sculpté, à jours.

299 — Deux Porte-Cartes en bois de santal.

300 — Deux Éventails, l'un en bambou, l'autre en soie monté sur ivoire.

301 — Coupe-Papier en ivoire.

302 — Neuf Morceaux de Soie brodée, pour coussins.

303 — Coffret sculpté en bois de fer.

304 — Écran d'écaille de tortue.

305 — Croix incrustée du Tonkin.

306 — Six Supports en bois sculpté et doré.

307 — Jeune Fille à la colombe. Statuette en marbre.

308 — Bacchante. Statnette en marbre, par **Francesconi.**

309 — Cadre en bois sculpté, style Louis XIV.

310 — Deux Chapes en soie, fleurs sur fond rouge.

311 — Chape en soie blanche et rouge.

312 — Cinq Chasubles en soie rouge et lilas.

313 — Douze Dalmatiques en soie.

314 — Sept Chasubles en soie, de diverses couleurs.

315 — Trois Chasubles en soie rouge et brochées de fleurs.

316 — Cinq Chasubles blanc et noir.

317 — Dix Chapes et Chasubles diverses.

318 — **Horremans**. Thé en famille.

319 — **Vien**. Sacrifice à Polyxème.

320 — **Preziosi**. La Corne d'or à Constantinople (Aquarelle).

321 — **Preziosi**. Péra, à Constantinople.

322 — **Preziosi**. Odalisques (Aquarelle).

323 — **Hoddi**. Retour de l'Enfant prodigue.

324 — **Poussin** (Guaspre). Paysage (Vue d'Italie).

325 — **Rachoux**. Concert espagnol.

326 — **Dinon**. La Calomnie, d'après **Raphaël**.

327 — **Grégoire** (H.). Paysage (Fusain).

328 — **Grégoire** (H.). Paysage (Fusain).

329 — **Albane**. Dalila et Samson.

330 — **Ecole de Fragonard**. Sacrifice à Mercure.

331 — **Grégoire** (H.). Paysage (Fusain).

332 — **Guido-Reni**. La Femme adultère.

333 — **Parmesan**. En Gaîté (Miniature).

334 — **Dominiquin**. Sibylle.

335 — **Titien**. La Madeleine.

336 — **Somm** (H.). Femme en toilette de ville.

337 — **Garneray**. Naufrage.

338 — **Ouvrié** (J.). Vue de Hollande.

339 — **Legrand Saint-Aubin**. Louis XI visitant la reine en captivité.

340 — **Landon**. Psyché.

341 — **Legrand**. Eudore et Cymodocée (Salon de
1825).

342 — **Raissaiguier**. Boucher.

343 — **Truchet**. Paysage à Auvers.

344 — **Guérin de Longrais**. Bords de la Marne à
Champigny.

345 — **Guérin de Longrais**. La Colline de Chen-
nevières, sur la Marne.

346 — Deux Tableaux, par Degrailly.

347 — **Ecole française**. Berger et son Troupeau.

348 — **Ecole hollandaise**. Buveurs.

349 — Le Triomphe de la Vanité (Tableau).

350 — **Ecole flamande**. Intérieur d'auberge.

351 — Paysage hollandais.

352 — Deux Tableaux, d'après Wouvermans.

353 — Le Château de Fougères.

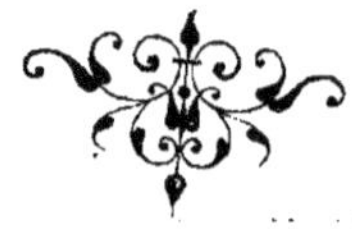

Vᵉ Renou et Maulde, imprimeurs de la Cⁱᵉ des Commissaires-Priseurs,
rue de Rivoli, 144.   200—73492